LITURGIE

...rie publiée sous la direction du Révérendissime

ABBÉ DE FARNBOROUGH

Jules BAUDOT

*Bénédictin de Farnborough*

# Le Pallium

# LITURGIE

*Série publiée sous la direction du Revérendissime Dom Cabrol, abbé de Farnborough*

# LE PALLIUM

PAR

## Jules BAUDOT

Bénédictin de Farnborough

PARIS

## LIBRAIRIE BLOUD ET C<sup>ie</sup>

7, PLACE SAINT-SULPICE, 7

1909

# MÊME SÉRIE

## DU MÊME AUTEUR

**Le Bréviaire Romain**, 2 vol. 184 pages *(409-410)*. Prix.................................................... **1 fr. 20.**
**Les Lectionnaires**, 2 vol. *(463-464)*. Prix. **1 fr. 20.**
**Les Evangéliaires**, 2 vol. *(465-466)* Prix. **1 fr. 20.**

BRETON (G.). — **La Messe.** *Etude philosophique et théologique (307)*........................................ **1 vol.**
ERMONI (V.). — **Les Origines de l'Episcopat** *(203)*. **1 vol.**
— **La Primauté de l'Evêque de Rome dans les trois premiers siècles** *(244)*........................ **1 vol.**
— *Histoire du Credo.* — **Le Symbole des Apôtres** *(248)*......................................... **1 vol.**
— **L'Agape dans l'Eglise primitive** *(273)*... **1 vol.**
— **L'Eucharistie dans l'Eglise primitive** *(290)*. **1 vol.**
— **Le Baptême dans l'Eglise primitive** *(298)*. **1 vol.**
— **Le Carême** *(421)*........................... **1 vol.**
GASTOUÉ (A.). — **Noël** *(405)*................. **1 vol.**
— **L'Eau bénite.** *Ses origines, son histoire, son usage* *(449)*......................................... **1 vol.**
— **Les Vigiles Nocturnes** *(495)*........... **1 vol.**
MOUSSARD (M.), Chanoine de la Métropole de Besançon. — **Apologie du culte catholique** *(211)*... **1 vol.**
SAUBIN (A.). — **Symbolisme du culte catholique** *(212)*........................................... **1 vol.**
VACANDARD (E.). — **La Pénitence publique dans l'Eglise primitive** *(223)*........................ **1 vol.**
— **La Confession sacramentelle dans la primitive Eglise** *(224)*.................................... **1 vol.**

IMPRIMATUR

9 août 1908
† Fernand CABROL

IMPRIMATUR

*Parisiis, die 4 sept. 1908*
P. FAGES, v. g.

# LE PALLIUM

## AVANT-PROPOS

L'ornement ecclésiastique, dont on se propose de donner ici une description, au double point de vue *historique et liturgique*, n'a presque rien de commun avec le manteau ou vêtement désigné dans le monde païen par le mot latin *Pallium* ou l'expression grecque Ἱμάτιον. « Adopté tardivement par les Romains, il apparaît d'abord au IIIe siècle avant Jésus-Christ, partage le discrédit de ceux qui l'introduisent, philosophes, histrions, pédagogues étrangers à la société romaine. C'est seulement au Ier siècle de notre ère qu'il conquiert droit de cité, quand Tibère l'adopte définitivement de préférence à la toge (1). »

Au IIIe siècle de notre ère, le vêtement en question n'avait pas complètement perdu son ancien discrédit. Les chrétiens le prirent comme une marque de distinction, ainsi que nous l'apprend Tertullien : cet ardent apologiste écrivit un opuscule, *De Pallio,* pour se justifier de l'avoir revêtu en place de la toge (2).

---

(1) DAREMBERG et SAGLIO, *Dictionnaire des antiquités grecques et romaines.* Paris, 1877, t. IV, p. 292.

(2) On trouvera une étude sur ce petit traité dans G. BOISSIER, *La fin du Paganisme,* t. I, p. 239 et seq.

La description qu'il donne permet d'établir quelque rapprochement entre le *Pallium* de l'Eglise romaine et le vêtement dont il parle. « Le *Pallium*, dit Tertullien, est un vêtement de dessus, de forme quadrangulaire ; il retombe de chaque côté du corps, est resserré autour du cou et attaché aux épaules par des agrafes (1). » La transformation que subit ce vêtement pour devenir l'ornement dont on va parler ici s'opère à partir du iv<sup>e</sup> siècle : le *pallium* devient un insigne d'un genre nouveau, une sorte d'écharpe formée en pliant un pallium ordinaire quatre ou cinq fois dans le sens de la longueur et en écrasant fortement les plis ; on obtient ainsi une large bande qui se noue de diverses façons autour du corps (*Pallium Contabulatum*) (2).

Le *Pallium Sacrum*, ornement ecclésiastique, eut d'abord dans toute l'Eglise la forme de l'*Omophorion* grec.

C'était une longue bande de laine, parsemée de croix, portée autour du cou de façon à retomber par devant au-dessous des genoux ; cette forme de l'omophorion a quelque ressemblance avec celle de notre étole, appelée parfois *Pallium orarium*. Après quelques variations, qui seront signalées dans la deuxième partie, le Pallium des Latins ou Pallium romain prit, au x<sup>e</sup> siècle, la forme qu'il a conservée jusqu'à nos jours. C'est une bande de laine blanche, large d'environ trois doigts, qui se place sur les épaules à la façon d'un collier ; de cette bande tombent, l'un

_________

(1) P. G., t. II, col. 1085.
(2) DAREMBERG et SAGLIO, ouvrage cité.

par devant, l'autre par derrière, deux pendants longs d'environ huit ou neuf pouces ; la partie qui entoure le cou porte quatre petites croix, autrefois rouges et maintenant noires ; deux autres croix se trouvent sur les deux pendants ; trois épingles d'or servent à attacher le Pallium à la chasuble. Cet ornement est fabriqué avec la laine de deux agneaux blancs présentés et bénits en la fête de sainte Agnès à la basilique dédiée à cette sainte martyre sur la voie Nomentane ; l'ornement est déposé sur le tombeau des saints apôtres Pierre et Paul, en la veille de leur fête, y demeure jusqu'au lendemain, jour où il est confié au légat du Pape pour être remis ensuite en temps voulu au destinataire (1).

Le Pallium constitue un insigne honorifique qui appartient de droit au Souverain Pontife et symbolise la plénitude du pouvoir divin dans le pasteur des pasteurs ; donné par le pape aux archevêques ou autres prélats, il distingue ceux-ci des évêques qui n'en sont pas revêtus. Il en est souvent question dans l'Histoire ecclésiastique, mais il est assez difficile de dire à quelle époque et par qui l'usage en a été établi.

Notre étude comprendra deux parties :

Première partie : Le Pallium au point de vue historique.

Deuxième partie : Le Pallium au point de vue liturgique (2).

---

(1) ZACCARIA, *Onomasticon*, p. 75 ; *Le Messager des Fidèles* ou *Revue bénédictine*, année 1889, t. VI, p. 258.

(2) Voir dans les ouvrages posthumes de D. MABILLON et D. RUINART, t. III, p. 400, le traité de Dom RUINART, qui a pour titre : *De Pallio archiepiscopali.*

# PREMIÈRE PARTIE

## Le Pallium au point de vue historique.

L'histoire des concessions de cet insigne honorifique, faites par le pape aux métropolitains ou à de simples évêques, montre l'union étroite qui unit ces derniers au Siège de Rome et l'ascendant que surent exercer les pontifes romains, pour préserver l'Occident chrétien de la caducité et de l'émiettement en une multitude d'églises séparées, comme sont celles de l'Orient. On se contentera d'esquisser cette histoire à grands traits. La fin du viii$^e$ siècle marque un changement de discipline ; de simple insigne honorifique, le Pallium y devient une marque de juridiction : de là deux chapitres : 1. Le Pallium dans ses origines et comme insigne honorifique ; 2. Le Pallium comme insigne de juridiction.

## CHAPITRE PREMIER

### Le Pallium dans ses origines et comme insigne honorifique.

*Article I. — Les origines du Pallium.*

1. Il n'est pas possible de donner une attention sérieuse à l'opinion des auteurs qui fait remonter le pallium, comme insigne ecclésias-

tique, jusqu'aux premières années de la prédication de l'Evangile : Rupert a prétendu que saint Pierre en aurait fait la concession à Maternus, le premier apôtre de l'église de Trêves (1) ; Du Saussay veut que saint Lin ait institué le pallium ; d'autres prétendent que cet honneur revient à saint Clément. Le malheur est que toutes ces opinions ne reposent sur aucun document.

La première mention du Pallium, sous le pape saint Marc (en 336), telle qu'on la lit dans Baronius (2), est fondée sur les écrits d'Anastase le bibliothécaire qui vivait seulement au IXe siècle.

2. Mgr Duchesne manifeste sur ce point ses hésitations (3) et finit par dire : « Je serais disposé à croire que l'origine du pallium doit être cherchée plutôt dans le quatrième siècle que dans le siècle suivant. » Ainsi cet insigne ecclésiastique aurait fait son apparition quand fut terminée l'ère des persécutions, sans qu'on puisse affirmer qu'il fut l'objet d'une concession faite par les empereurs à l'Eglise (4). Sans doute, cette hypothèse ne porterait aucune atteinte à la

---

(1) Rupert : *De divinis officiis.* P. L., tom. CLXX, col. 26.
(2) *Annales Ecclesiastici,* édition de Bar-le-Duc, t. IV, p. 300.
(3) *Origines du culte chrétien,* p. 370-374.
(4) Catalani, dans ses notes sur le *Pontifical Romain,* t. I, p. 383, signale plusieurs auteurs, comme P. de Marca et Thomassin, d'après lesquels le Pallium aurait été un ornement impérial concédé aux patriarches, mais comme D. Ruinart, il adopte le sentiment opposé pour lequel il voit de nombreuses et sérieuses raisons. — Dans un ouvrage récemment publié en Allemagne, *Die Liturgische gewandung im Occident und Orient,* 1 vol. in-4°, Friburg in Brisgau, 1907, le Rev. P. Jos. Braun, S. J., consacre un long chapitre à l'étude du Pallium. il suit le sentiment de P. de Marca et de Thomassin, adjoint à ces auteurs Mgr Duchesne, sans parler des hésitations que nous avons cru reconnaître dans les Origines du culte, et n'a pas la moindre allusion au traité de D. Ruinart qu'il semble ne pas connaître (ouvrage cité, p. 652).

majesté du Saint-Siège, mais pour l'établir on ne peut faire fonds sur la donation de Constantin au pape saint Sylvestre ; cette donation est certainement apocryphe et d'ailleurs ne fait aucune mention expresse du pallium.

Ce qui paraît plus vraisemblable, c'est que le Pallium fut mis en usage à l'époque où se fit la division en provinces ecclésiastiques ou patriarcats (1). Il eut une destination analogue à celle des autres vêtements sacerdotaux ; de même qu'il y avait des insignes pour distinguer les prêtres des diacres et les évêques des prêtres, ainsi il y en eut un par lequel les titulaires des grands sièges épiscopaux se distinguaient des évêques ordinaires. Les titulaires des patriarcats apostoliques de Rome, Alexandrie, Antioche (plus tard ceux de Jérusalem et de Constantinople) possédèrent cette marque de distinction de plein droit et par le seul fait de leur élection légitime. Chaque patriarche pouvait donner cet insigne aux métropolitains de son ressort et de la sorte exerçait sur eux une prépondérance ; le premier concile général tenu à Nicée en 325, bien qu'il ne parle pas expressément du pallium, dit dans son VI<sup>e</sup> canon : *C'est une loi établie par les évêques de Rome que les prééminences doivent être observées dans l'Eglise :* on reconnaît ainsi dans l'évêque de Rome le fondateur de l'institution des patriarcats (2). D'autre part, le

(1) Sur la constitution patriarcale et métropolitaine, voir HERGENRŒTHER, *Histoire de l'Eglise,* traduction Belet, tome II, p. 391 et seq.

(2) Cette interprétation résulte d'une version du VI<sup>e</sup> canon de Nicée proposée par D. Leclercq dans la réédition de l'*Histoire des Conciles* de Héfélé, tome I, p. 1181 et p. 568.

VIII<sup>e</sup> concile œcuménique, IV<sup>e</sup> de Constantinople, tenu en 869-870, laisse entendre que la
dépendance de métropolitain à patriarche, pro-
clamée par le concile de Nicée, se traduisait ou
par le rit de l'imposition des mains ou par
*l'imposition du Pallium* (1). C'étaient là, dit
D. Ruinart (2), les deux modes par lesquels
chaque patriarche confirmait l'élection des
métropolitains de sa province. On ne voit pas
que, dès le début, les évêques de Rome se
soient distingués des autres patriarches, ils
durent se contenter de donner le pallium aux
évêques de la province suburbicaire (province
qui avoisinait Rome). Il faut aller jusqu'à la fin
du v<sup>e</sup> siècle pour voir saint Symmaque (498-504)
conférer cet insigne à un évêque de Pannonie,
puis à saint Césaire d'Arles qu'il établit son
vicaire apostolique dans les Gaules (3).

3. Rien n'empêche, durant ces premiers
temps, d'établir une ressemblance entre l'omophorion des Grecs et le pallium des Latins,
quoique le P. Jean Morin ait prétendu le
contraire. Peut-être la facilité des patriarches
orientaux à le concéder était-elle plus grande
que chez le patriarche d'Occident (4), encore,
au sentiment de Goar (5), cette facilité n'aurait
pas existé dès les premiers temps. Nous
verrons bientôt les pontifes romains donner le

---

(1) Mansi, *Conciliorum omnium amplissima collectio*, t. XVI
p. 171.

(2) D. Ruinart. *De Pallio archiepiscopali*, cap. VI, p. 428.

(3) Lettre de saint Symmaque dans P. L., tome LXII, col. 72, et vie
de saint Césaire dans P. L., t. LXIX, col. 1016.

(4) D. Ruinart, ouv. cit., p. 434.

(5) Goar, *Rituale Græcorum*. 1 vol. in-folio, p. 257.

pallium à de simples évêques et l'on constate par les lettres de saint Grégoire le Grand qu'il existait des liens de communication entre l'Orient et l'Occident (1). Ces relations se manifestaient quelquefois par la concession du pallium.

### Article II. — Le Pallium comme insigne honorifique.

La concession du pape Symmaque aux évêques d'Arles, renouvelée dans le courant du vi<sup>e</sup> siècle par le pape Vigilius (538-555), fait du pallium, entre les mains des pontifes romains, un insigne qu'ils accorderont désormais aux prélats honorés de leur confiance. Jusque-là, en effet, ils l'avaient accordé seulement aux titulaires d'un des sièges de la province de Rome et il ne semble pas que le pallium fut connu dans les autres églises d'Occident, Afrique, Espagne, etc., sauf peut-être en Gaule.

1. Saint Grégoire le Grand (590-604) travaille à s'attacher les provinces lointaines de son vaste patriarcat, se choisit dans ce but un représentant officiel parmi les prélats de chaque pays, et rehausse la dignité de ce lieutenant pontifical en lui conférant l'usage du pallium. D'autres fois cependant, il accorde le même honneur à de simples évêques, accepte que des demandes concernant cette marque distinctive lui soient adressées, et pour des raisons spéciales croit devoir consulter les empereurs avant d'y ré-

(1) P. L., tome LXXVII, col. 480-81.

pondre. C'est ce qui ressort de la lecture des lettres de ce pontife. — Ainsi, pour les Gaules, il continue la tradition de ses prédécesseurs à l'égard des évêques d'Arles : il écrit à Virgile, titulaire de ce siège : « *En ce qui concerne le pallium, nous vous accordons volontiers cet insigne dont vous nous avez fait la demande, pour ne rien retrancher de l'honneur qui vous revient* (1). » A l'égard d'un certain Didier, évêque dans les Gaules, probablement titulaire de Vienne, le pape se montre plus difficile : *on n'a trouvé à Rome aucune trace de pareille concession faite à ses prédécesseurs...* il paraît d'autre part que cet évêque *s'adonnait à des études trop profanes...* bref, la faveur ne fut pas accordée (2). Tout autre fut la solution concernant Syagrius, évêque d'Autun : deux lettres de saint Grégoire à la reine Brunehault expliquent les raisons pour lesquelles le pape a voulu honorer ainsi un simple évêque : « *Ayant appris ce que ce prélat a fait en faveur de notre frère Augustin* (il s'agit de l'apôtre de l'Angleterre), *nous en avons béni le Seigneur... nous avons décidé de lui envoyer le pallium après qu'il nous en aura fait la demande. — A notre frère Syagrius, parce qu'il s'est montré ardemment dévoué à l'œuvre de la prédication faite, avec l'aide de Dieu, à la nation anglaise, nous envoyons le pallium pour qu'il s'en serve à la messe solennelle* (3)... » — A Maxime, évêque de

---

(1) *Epistolarum S. Gregorii M.*, lib. V, Ep. 53, P. L., tome LXXVII, col. 783.
(2) *Item*, lib. IX, Ep. 112, col. 1043, et lib. XI, Ep. 44, col. 1171.
(3) *Item*, lib. IX, Ep. 11, col. 952, et lib. IX, Ep. 109, col. 1058.

Salonne en Dalmatie, saint Grégoire écrit *qu'ayant égard à la réparation faite par ce prélat, il lui enverra le pallium* (1). Des exemples de concessions analogues se retrouvent dans les lettres aux évêques de Sicile, comme Jean de Palerme (2), Jean de Syracuse (3), Donus de Messine (4). — Le Pontife se plaint à Jean de Ravenne de ce que, *par un esprit d'ostentation, il use du pallium en dehors de l'église pour les processions ; ce que les évêques de Rome n'ont jamais eu l'audace de faire* (5).

Remarquons, à propos de Ravenne, que ses titulaires ne sont appelés archevêques ni dans les lettres de saint Grégoire ni dans le Synode tenu à Rome, en 649 ; le titre leur est donné pour la première fois dans un document de 666. Il paraît d'ailleurs que les évêques de Ravenne jouissaient du privilège du pallium avant le pontificat de saint Grégoire le Grand (6). — A Constance, évêque de Milan, saint Grégoire écrit : « *Nous vous transmettons le pallium pour que vous en usiez, suivant la coutume, aux messes solennelles* (7). »

Enfin, dans une lettre à saint Léandre, évêque de Séville, il dit : « *Avec la bénédiction du bienheureux Pierre, prince des apôtres, nous vous envoyons le pallium pour que vous en usiez seulement aux messes solennelles ;* » et dans une

---

(1) *Item*, lib. IX, Ep. 83, col. 1013.
(2) *Item*, lib. XIII, Ep. 37, col. 1287.
(3) *Item*, lib. VI, Ep. 18, col. 840.
(4) *Item*, lib. VI, Ep. 9, col. 804.
(5) *Item*, lib. V, Ep. 11, col. 732.
(6) *Epistolæ S. Greg. M.*, liv. V, Ep. 15, P. L., tome LXXVII, col. 735.
(7) *Item*, liv. IV, Ep. 1, col. 669.

lettre à Récarède, roi des Visigoths : « *Si nous en avons agi de la sorte, c'est pour nous conformer à une ancienne coutume, c'est aussi pour rendre hommage à vos mérites et à la sainteté du prélat* (1). »

On voit, par ces exemples, que saint Grégoire donne le pallium à des évêques, dans les diverses régions de l'Eglise d'Occident, sans qu'il soit question pour cela de leur assurer un pouvoir de Métropolitain ; les églises d'Afrique n'ont point de part à ce privilège et, de fait, aucune trace du pallium ne s'y rencontre avant l'invasion des Sarrasins. Par contre, le Pontife étend ses faveurs jusqu'aux évêques d'Orient, comme l'attestent les lettres à Jean de Macédoine et à Jean de Corinthe (2).

Du fait que, dans un certain nombre de ces concessions, le pape parle de consulter l'empereur on ne peut rien conclure, car souvent saint Grégoire s'abstient de cette démarche ; quand il l'accomplit, c'est donc qu'elle est motivée par des raisons toutes particulières. Du reste, après lui, on ne parla plus du consentement de l'empereur comme nécessaire pour la concession du pallium (3).

Saint Grégoire accorda encore le pallium aux missionnaires après que leurs premiers tra-

(1) *Item*, liv. IX, Ep. 121, col. 1052 et Ep. 122, col. 1056.
(2) *Item*, liv. II, Ep. 23, col. 558 et la note. — Liv. V, Ep. 57, col. 790.
(3) D. RUINART : *De pallio archiepiscopali*, c. IV, p. 411 à 419. On ne prétend pas dire par là que les princes séculiers n'intervinrent pas auprès des papes pour obtenir le pallium aux métropolitains de leurs états ; le R. P. Braun (ouvrage cité plus haut, p. 639) donne toute une série de faits qu'il n'y a pas lieu de récuser ; mais en agissant ainsi, les chefs d'Etat, fussent-ils empereurs d'Occident comme Charlemagne, montrent leur déférence et leur subordination vis-à-vis du Saint-Siège.

vaux pour la conversion des nations païennes eurent été couronnés de succès. On sait qu'il contribua à la conversion de l'Angleterre en lui envoyant le moine Augustin. Quand ce dernier eut mené à bonne fin l'œuvre à lui confiée, le pape voulut d'abord qu'il vînt se faire sacrer évêque par Virgilius d'Arles, représentant du saint-siège dans les Gaules, puis il lui conféra le pallium. Cet insigne devait en même temps servir à déterminer l'ordre hiérarchique entre les futurs évêques d'Angleterre : Augustin aura son siège métropolitain à Londres (1), le pallium passera à ses successeurs, douze évêques seront soumis à sa juridiction dans le sud du pays. Il enverra dans le nord un autre évêque choisi et ordonné par lui, pour gouverner l'église d'York, y consacrer douze autres évêques qui seront ses suffragants et y exercer la charge de métropolitain. Saint Grégoire promet d'envoyer aussi le pallium à l'évêque d'York, mais déclare que celui-ci sera assujetti à Augustin. A la mort d'Augustin, les archevêques de Londres et d'York seront indépendants l'un de l'autre, le plus ancien des deux ayant seulement le pas sur l'autre, chacun d'eux recevra le pallium (2).

2. Toutes ces dispositions de saint Grégoire le Grand ne permettent pas de supposer que le pallium fut inhérent à la charge de métropolitain dans les diverses parties de l'Eglise d'Occident. Cependant un canon du concile de Mâcon,

----

(1) La lettre de saint Grégoire porte *Londinium* ; le siège de saint Augustin fut transféré plus tard à Cantorbéry.
(2) *Epistolæ sancti Gregorii*, lib. XI, Ep. 65, P. L., t. LXXVII, col. 1200.

de 582, dit que les métropolitains ne doivent pas célébrer la messe sans le *pallium*. Pour résoudre la difficulté qui résulte de ce canon, le plus simple est de dire qu'on y fait allusion, non au pallium romain, mais à un pallium gallican, ornement dont auraient usé les évêques de Gaule, particulièrement ceux du royaume de Bourgogne auquel appartenaient les membres du concile de Mâcon. On y vit, dit Héfélé (1), entre autres évêques, Priscus de Lyon, Evantius de Vienne, Artémius de Sens, Remédius de Bourges. Aucune mention n'est faite de l'évêque d'Arles : ce dernier, en 582, était le seul prélat des Gaules qui eût le privilège du pallium romain. D'ailleurs le texte du canon allégué est trop incertain et trop laconique pour qu'on puisse l'opposer à des faits solidement établis : ainsi, d'après Mgr Duchesne (2), au lieu de *archiepiscopus*, il faudrait lire *episcopus*, ce qui ferait du pallium en question un insigne commun à tous les évêques ; d'autre part, le canon pourrait s'entendre de tous les jours où l'on célèbre la messe, puisqu'il ne parle ni de jours solennels ni de jours non solennels, et l'on sait que le pallium romain devait être porté seulement aux messes solennelles ; enfin le concile de Mâcon statue, sans prendre l'avis du pontife de Rome, or il est manifeste que ce dernier seul pouvait conférer le pallium romain et qu'en conséquence il lui appartenait d'en régler l'usage (3).

(1) *Histoire des Conciles*, tome III, p. 576.
(2) *Origines du Culte chrétien*, p. 374, note 1.
(3) Voir, sur ce point, D. RUINART, *De Pallio archiepiscopali*, c. X, p. 452, où il combat l'opinion de Thomassin : *De disciplina ecclesiastica* — Consulter aussi BONA, *Rerum liturgicarum Lib. I*, cap. 24, § 16, édition Sala, tome II, p. 273.

3. Les successeurs immédiats de saint Grégoire le Grand statuent comme lui sur la concession et l'usage du pallium dans toutes les églises d'Occident. Ainsi, le pape Boniface IV (608-615) envoie cet insigne à Florian d'Arles, et, écrivant à Théodoric, roi des Francs, il lui dit qu'il se conforme, sur ce point, à l'ancienne coutume. Honorius I (625-628) refuse d'envoyer le pallium à Hypatius de Nicopolis, tant que celui-ci ne se sera pas justifié au sujet de certaines accusations portées contre lui ; il le promet à l'évêque de Grada (ou Grado) ; il l'envoie aux deux métropolitains d'Angleterre, Honorius de Cantorbéry et Paulin d'York ; il décrète que les métropolitains qui auront usé du pallium dans les processions perdront le droit de le porter (1). — Saint Grégoire II (715-731) écrit aux évêques d'Angleterre : *L'arrivée à Rome de notre frère Tatwinus qui a été placé sur le siège de saint Augustin, de glorieuse et sainte mémoire, nous a rempli de joie... Nous lui remettons, en vertu de notre autorité apostolique, le sacré pallium* (2)...

Ce qui avait été fait en faveur de saint Augustin de Cantorbéry par saint Grégoire le Grand fut accompli, par ses successeurs, en faveur des saints Willibrord et Boniface ; à des succès apostoliques analogues furent accordés les mêmes insignes honorifiques. On voit dès lors

---

(1) Sur les actes de ces deux papes, voir SMITH, *Dictionary of Christian antiquities*, p. 1673 et seq. — Voir aussi dans MANSI, *Conciliorum omnium amplissima collectio*, tome X, p. 581-585.

(2) *Lettre de saint Grégoire II aux évêques d'Angleterre*, P. L., tome LXXXIX, col. 528.

s'accomplir comme une transformation du pallium qui d'insigne honorifique va devenir une marque de juridiction : l'histoire de cette transformation appartient au chapitre suivant. Disons en terminant comment elle s'annonce dans une lettre de saint Boniface à saint Cuthbert de Cantorbéry, écrite en 745 : *Dans notre assemblée synodale nous avons décidé que le métropolitain honoré du pallium doit exhorter les autres évêques, les avertir, chercher à connaître celui d'entre eux qui est le plus zélé pour le salut de son peuple* (1).

---

# CHAPITRE II

## Le pallium comme insigne de juridiction.

### *Art. I. — La législation canonique du VIII<sup>e</sup> au XII<sup>e</sup> siècle.*

1. L'assemblée synodale, dont parle saint Boniface dans sa lettre à l'archevêque de Cantorbéry, est le concile de Soissons tenu en 742. Parmi les points traités dans ce concile, il en est un qui concerne le pallium : *pour que l'unité soit mieux conservée dans l'Eglise,* y lisons-nous, *les métropolitains demanderont le*

(1) P. L., tome LXXXIX, col. 764.

*pallium au Saint-Siège et chercheront en tout
à suivre les ordres de Pierre.* — Ainsi se prépare
la pratique d'accorder le pallium indistinc-
tement à tous les archevêques ; cette pratique,
dit Benoît XIV après D. Ruinart, passera en
coutume vers la fin du viiie siècle (1).

Saint Boniface, légat du Saint-Siège en Gaule
et en Germanie, eut, bientôt après, l'occasion
de faire appliquer le décret de Soissons ; trois
sièges métropolitains de Gaule, Reims, Sens et
Rouen, étant devenus vacants, il veilla à l'élection des nouveaux titulaires et écrivit lui-même
au pape Zacharie (741-752) pour leur obtenir le
pallium. La réponse favorable ne lui était pas
encore parvenue qu'il écrivait une nouvelle
lettre pour demander un seul pallium en faveur
de Grimon, le nouvel élu de Rouen. Le Souverain Pontife avait déjà donné son assentiment à
la première demande ; il s'étonne et veut avoir
des explications (2). Rien n'atteste que les explications aient été fournies : des auteurs, comme
P. de Marca, ont supposé que les deux élus de
Sens et de Reims s'étaient refusés à une démarche qui impliquait un aveu de leur dépendance vis-à-vis de Rome et qui, du moins le
croyaient-ils, pouvait occasionner une dépense
d'argent. Toujours est-il qu'ils eurent des imi-
tateurs et l'on voit, durant quelques années, des
métropolitains de Gaule hésiter à demander le
pallium ; tel, par exemple, le successeur de Gri-

---

(1) BENOIT XIV, *De Synodo Diœcesana*, tome XI des œuvres de ce
pontife, p. 590 ; et D. RUINART, *op. citatum*, p. 457.
(2) *Lettre du pape Zacharie à Boniface*, dans P. L., tome LXXXIX,
col. 925 et 928.

mon à Rouen. Ceux-là seuls le demandaient qui voulaient voir les privilèges de leurs églises confirmés par le Saint-Siège.

Sous Charlemagne, il ne paraît pas encore que tous les métropolitains de Gaule eussent le pallium ; Tilpin, archevêque de Reims, envoyé à un Concile tenu contre l'intrus Constantin, n'avait pas encore cet insigne (769), il le reçut seulement plusieurs années après sous le pape Adrien I (771-795). Le pape dit qu'en le concédant il a cédé aux instances de Charlemagne et de Fulrade, abbé de Saint-Denis ; nouvelle preuve que la concession de cet insigne était encore regardée comme un privilège. Charlemagne, pour en rehausser l'éclat, déclare dans ses Capitulaires que le métropolitain revêtu du pallium recevra des honneurs particuliers et pourra admonester les autres prélats (1).

II. — Mais sous le pape saint Nicolas Ier (858-867) la question de la nécessité du pallium pour l'exercice de la juridiction archiépiscopale fait un pas de plus. D'après certaines lettres d'Hincmar, archevêque de Reims, il paraît bien que ce prélat regardait le pallium comme un insigne de la dignité archiépiscopale (2). Un témoignage plus caractéristique se trouve dans la réponse de Nicolas Ier aux Bulgares : *Que celui qui est élu pour remplir la charge d'archevêque en reçoive par nous les privilèges... Qu'il ne siège point ni ne fasse aucun acte de juridiction*

---

(1) *Capitulaires,* liv. VI, c. 79. Voir MANSI, *Conciliorum collectio,* tome XVII *bis,* col. 935.

(2) Voir par exemple sa *lettre à Nicolas Ier* au sujet de la vacance du siège de Cambrai ; P. L., tome CXXVI, col. 59.

*avant d'avoir reçu le pallium du siège aposto-
lique, conformément à la conduite que tiennent
tous les archevêques de Gaule, de Germanie et
des autres régions* (1). — C'est seulement peu
d'années après que le VIII⁰ concile œcuménique, tenu à Constantinople en 869-870, porte le
canon dont nous avons parlé précédemment (2)
et détermine les jours où l'on revêtira le pallium.
— Un peu plus tard, dans un concile tenu à
Ravenne, en 877, le pape Jean VIII fixe les délais
accordés aux métropolitains pour solliciter le
pallium et les conditions dans lesquelles ils
pourront en être revêtus ; une visite dans les
Gaules lui avait permis de constater que les
métropolitains de ce pays ne tenaient pas compte
de la décision de Nicolas I⁰ʳ (3). *Tout métropolitain qui, dans les trois mois après sa consécration, n'aura pas envoyé sa profession de foi
en vue de recevoir le pallium, à moins d'empê-
chement grave, sera privé de la dignité dont il
a été revêtu, en sorte qu'il ne doit siéger ni exercer aucune fonction de sa charge tant qu'il
n'aura pas rempli les formalités susdites* (4).

III. — Entre temps, les souverains pontifes,
même après cette modification de la condition
des métropolitains, continuent d'accorder le
pallium comme une faveur à de simples évêques. Il faut parler un peu plus longuement ici

(1) MANSI, *Conciliorum omnium Collectio*, tome XV, p. 426 et P. L.
tome CXIX, col. 1007. — *It*, HERGENRŒTHER, *Histoire de l'Eglise*
tome III, p. 396.
(2) Voir plus haut, p. 10 et HERGENRŒTHER, *Histoire de l'Eglise*,
tome III, p. 411.
(3) Voir *Lettre de Jean VIII à Rostagnus*, archev. d'Arles. P. L.,
tome CXXVI, col. 777.
(4) MANSI *opus citat.*, tome XVII, p. 336-337.

du cas des évêques de Metz. — Etienne III qui fut
pape de 752 à 757 avait, paraît-il, accordé le
pallium à Chrodegand pour services rendus
durant la lutte de la papauté contre les Lom-
bards. Ce prélat s'en prévalut pour prendre le
titre d'archevêque et des auteurs disent que le
même titre aurait été attribué à son successeur
Angelrane dans les actes du Concile de Franc-
fort (794). La prétention des titulaires de Metz
ne fut pas reconnue dans la suite. En 844, Dro-
gnon reçut du pape Sergius II non seulement
le pallium mais les pouvoirs de légat du saint-
siège : de là une nouvelle tentative de prendre
le nom d'archevêque. Les autres prélats de
Gaule firent entendre leurs réclamations, Hincmar de Reims alla jusqu'à écrire que le privilège de Drogon était de nul effet, les intéressés
dans l'affaire n'ayant pas donné leur consentement.

L'historien de l'Eglise de Metz déclare non
recevable le témoignage d'Hincmar qui écrivait,
dit-il, sous l'influence de la jalousie et ajoute
que Drogon conserva sa prééminence jusque
dans la mort, son épitaphe étant des plus pom-
peuses ; mais on sait que le successeur immé-
diat ne revendiqua point le titre d'archevêque et
n'eut pas le pallium ; plus tard le pape Jean VIII
l'accorda à Walon de Metz (878) mais il eut soin
de lui faire remarquer que c'était une faveur
personnelle « *quod tibi, non Ecclesiæ tuæ* » (1).
Le prélat ne s'en montra pas moins récalcitrant
contre les réclamations de son métropolitain de

_______

(1) Voir P. L., tome CXXVI, col. 798.

Trèves, se disant le cinquième évêque de Metz à qui pareille faveur avait été faite ; la discorde se serait peut-être élevée dans l'Eglise des Gaules si Hincmar de Reims n'eût mis fin aux débats en marquant sa soumission au métropolitain de Trèves. Le seul évêque de Metz qui, dans la suite, obtint le pallium de Calixte II fut Etienne de Bar, avec la condition expresse que tous les droits de Trèves seraient respectés. Cet exemple nous montre avec quelle facilité on acceptait alors que la juridiction archiépiscopale fût attachée à l'usage du pallium (1).

Sur un autre point du territoire des Gaules, un conflit du même genre naissait de la même source. Le fondateur de l'Eglise de Dol, venu de Grande-Bretagne en Armorique, obtint les insignes de la dignité archiépiscopale pour lui et ses successeurs. Sur les instances des ducs de Bretagne, les Souverains Pontifes ajoutèrent plus d'une fois à ce privilège déjà grand la prérogative du pallium. C'en fut assez pour que l'évêque de Dol prît le nom d'archevêque et en vînt jusqu'à revendiquer la juridiction d'un métropolitain sur toute la Bretagne. Il était soutenu, dans ses prétentions, par Néomenius, duc de Bretagne, tout heureux de se proclamer complètement indépendant vis-à-vis de Charles le Chauve. Les archevêques de Tours, frustrés de leurs droits, portèrent l'affaire devant le saint-siège et, après des solutions contradictoires qui prolongeaient le conflit, eurent enfin gain de

_______

(1) Sur toute cette affaire de l'évêque de Metz, voir D. RUINART, *De Pallio archiepiscopali,* p. 490 et seq.

cause sous Innocent III (1198-1216). Une lettre de ce pontife (1) (1199) après avoir exposé toutes les péripéties de l'affaire conclut par cette décision : *Nous décrétons et statuons que l'église de Dol sera pour toujours assujettie à celle de Tours comme suffragante, qu'elle lui rendra comme à sa vraie métropole le respect et la soumission; A l'avenir, l'évêque de Dol ne pourra plus prétendre à l'usage du pallium.* Le sage pontife, par cette dernière mesure, veut empêcher tout retour du conflit (2).

IV. — Vers la même époque, en 1202, se passait, en Sicile, un événement qui fut l'occasion du décret d'Innocent III, inscrit au livre I des *Décrétales*, tit. 8, comme loi canonique. Un certain Gautier, évêque de Troie, avait été transféré à l'archevêché de Palerme, puis, avec l'assentiment de Censius, cardinal légat du pape en Sicile, avait pris le titre d'archevêque et le gouvernement de sa nouvelle église avant d'avoir reçu le pallium. Innocent III, apprenant cette nouvelle, en fut affligé, exprima au légat son mécontentement dans une lettre un peu acerbe ; toutefois, par égard pour son représentant, il voulait bien concéder à Gautier l'administration de l'Eglise de Palerme, comme simple procurateur ; mais lui enjoignait de garder le titre d'évêque de Troie. Celui-ci, ayant refusé de se soumettre, fut privé des deux églises dont on

---

(1) *Innocentii III Regestorum Lib. III*, LXXXII, P. L., tome CCXIV, col. 634.

(2) D. RUINART, *opus citat.*, p. 495. — Le fait est mentionné dans les *Gesta Innocentii III*, après celui dont on va parler maintenant. Voir P. L., tome CXXIV, p. LXXXII, § 42.

avait consenti à lui laisser le soin. Innocent III,
pour empêcher le retour de tels inconvénients,
fit donc une loi à laquelle personne n'osa plus
contrevenir : il déclara la réception du pallium indispensable pour porter le titre d'archevêque
et en exercer les fonctions. Il importe d'en citer les
termes tels qu'on les trouve consignés dans le
*Corpus Juris, capite :* DE PALLIO *: quia pontificalis officii plenitudo confertur per pallium
antequam quis obtinuerit, licet sit consecratus,
non sortitur nomen patriarchæ, primatis aut ar-
chiepiscopi, nec ei licet episcopos consecrare, nec
convocare concilium, nec clericos ordinare, nec
etiam ante se crucem deferre. Potest tamen,
quando vult, missam sine pallio et sandaliis
celebrare, potestque alia supra dicta alteri epi-
scopo committere, modo non sit in mora pallium
petendi* (1).

Les occasions ne manquèrent pas d'appliquer
la loi ; elles se présentèrent même plus fréquem-
ment, grâce à l'érection de nouveaux archevê-
chés, spécialement dans la Germanie septentrio-
nale. La communion des églises particulières
avec celle de Rome s'en trouva resserrée au
grand avantage de l'unité de gouvernement.
L'Irlande, depuis longtemps convertie au catho-
licisme, fut peut-être une des dernières régions
de l'Eglise occidentale à connaître l'insigne du
pallium.

(1) D. RUINART, *opus citat.*, p. 466, et dans P. L., tome CCXIV,
p. LIII, des *Gesta Innoc. III ;* col. 995-996 pour la lettre 39 du livre cinquième avec la note. — Voir aussi, dans CATALANI, *Pontificale
Romanum,* le commentaire sur ce texte : I, p. 392 à 396. Après les
mots « *clericos ordinare* » le pontifical romain ajoute : *etiamsi pallium in alia Ecclesia habuisset, cum oporteat petere novum pallium.*

Au témoignage de saint Bernard (1) ce fut saint Malachie, son contemporain, qui, le premier, sollicita le pallium pour les deux archevêques d'Armagh et de Cashel chargés du soin des églises d'Irlande. Innocent II (1130-1143) représenta qu'il fallait sur ce point l'avis de tout le clergé de l'île réuni en un concile national ; Malachie s'empressa de remplir ces conditions et voulut lui-même porter à Rome le résultat de sa mission. Ainsi l'Irlande se trouva prête à recevoir la législation nouvelle dont nous venons de parler.

### *Article II. — La législation canonique depuis le XII<sup>e</sup> siècle jusqu'à nos jours.*

Voilà donc le pallium devenu l'insigne obligatoire de tous les archevêques ; désormais ils devront le recevoir de Rome avant d'exercer aucun acte de juridiction comme métropolitains. En dehors des détails liturgiques qui trouveront leur place dans la seconde partie, l'histoire de cet ornement ecclésiastique serait donc dénuée d'intérêt, si les papes n'avaient continué de l'accorder comme une faveur à de simples évêques et si des conflits de préséance ne s'étaient parfois élevés entre ceux qui avaient reçu cette marque de distinction. Pour conclure cet aperçu historique il reste à parcourir rapidement les siècles écoulés et à relever au passage l'une ou l'autre de ces particularités.

(1) *Vita Malachiæ*, cap. xv et xvi. P. I.., t. CLXXXII, col. 1092 et VACANDARD, *Vie de saint Bernard*, tome II, page 373.

1. En signalant la concession du pallium faite
à de simples évêques, il nous échappera sans
doute quelques noms ; nous n'avons pas la prétention de relever la liste des évêques de chaque diocèse, pour attirer l'attention sur chacun
de ceux qui auraient été personnellement honorés du pallium, nous nous contenterons de noter
les principaux diocèses où la faveur semble
avoir été attachée plutôt au siège qu'à la personne.

Pendant que s'élaborait la législation canonique concernant les archevêques, les souverains
pontifes continuèrent d'accorder le pallium
comme insigne honorifique à de simples évêques. Les évêques de Metz et de Dol ont été
mentionnés précédemment. Il faut leur adjoin-
dre Hebard ou Hebrard, évêque de Nantes,
honoré du pallium sous Adrien II (867-872) ;
il avait le privilège de ne pouvoir être jugé que
par le pape quand une fois il aurait fait appel
au saint-siège, d'une accusation portée contre
lui (1). Il paraît que Théodulphe, évêque d'Or-
léans, ayant reçu le pallium, voulut s'autoriser
du privilège accordé à l'évêque de Nantes pour
se déclarer exempt de toute juridiction métropolitaine en Gaule (2).

Saint Léon IX (1040-1055) accorda le pallium à l'évêque de Bamberg, en Allemagne, à
la demande de Henri II, en considération du
pieux empereur Henri Ier, et parce que le pape
Clément II avait été titulaire de cette église.

---

(1) D. RUINART, ouvrage cité, p. 494, et G. MORONI, *Dizionario di
erudizione Storico ecclesiastica*, au mot *Pallium*, tome II, p. 60
(2) D. RUINART, *it.*, p. 494.

D. Ruinart dit que saint Léon XI fit la même concession à l'évêque du Puy et que les titulaires de ce siège ne reconnurent plus d'autre métropolitain que le pape (1). Alexandre II (1061-1073) donne le pallium à l'évêque d'Halberstad en récompense de services rendus. Des deux concessions du même genre faites par Alexandre III (1159-1181), celle à l'évêque de Catane fut rapportée par Lucius III (1181-1185) et celle à l'évêque de Syracuse par Clément III (1187-1191) (2). D'après Benoît XIV, la concession du pallium faite à l'évêque de Cinq-Eglises en Hongrie, au XIIᵉ siècle, serait mentionnée dans les écrits d'Innocent III (3) ; la concession aux évêques de Paris fut faite par Grégoire XI (1370-1378) (4). A ces noms de sièges épiscopaux, il faut joindre ceux de Pavie, Lucques, Herbipolis, Warmia, Sambia, etc. (5).

En des temps plus rapprochés, Clément VII (1730-1740) accorda le pallium à l'évêque de Marseille, et Pie IX, en 1852, a déclaré que cette concession serait à perpétuité en faveur du siège épiscopal ; Pie VII, au moment du Concordat, l'accorda au nouvel évêque de Troyes, qui avait été archevêque d'Auch avant la Révolution, puis aussi au coadjuteur de l'archevêque de Goa, à la condition qu'il en userait seule-

---

(1) Sur ces deux actes de saint Léon IX, voir D. Ruinart, *ouvrage cité,* p. 491 ; — Benoit XIV, *De Synodo diœcesana,* p. 30 et. 592 ; P. L., t. CXLIII, col. 695 ; — et Durand, *Rationale div. offic.,* liv. 3, ch. 17.
(2) Du Cange, *Glossarium mediæ et infimæ latinitatis,* t. VI, p.119
(3) Benoit XIV, *De Synodo diœces.,* p. 592.
(4) Paris ne devint archevêché que sous Grégoire XV (1621-1623).
(5) G. Moroni, *op. citat.,* p. 60. et Du Cange.

ment dans les solennités majeures et avec le consentement de son archevêque.

.On peut voir dans Benoît XIV la solution d'un certain nombre de questions canoniques soulevées à l'occasion du pallium ; par exemple, celle de savoir si le pape pourrait en accorder la faveur, sur leur demande, aux patriarches schismatiques d'Orient ; le schisme ayant été consommé longtemps avant la nouvelle législation, on ne put leur faire une obligation de le recevoir. Benoît XIV dit qu'un exemple de cette concession se lit dans les *Actes* de Clément XI en faveur du patriarche d'Alexandrie (1). Autre question, les archevêques *in partibus infidelium,* les titulaires latins des patriarcats de Constantinople, Alexandrie, Antioche, Jérusalem peuvent-ils user du pallium ? Il ne le semble pas, parce que ces prélats ne résident pas dans les diocèses dont ils portent le titre et que l'usage du pallium est restreint aux limites mêmes du diocèse, sauf quand le contraire est expressément mentionné. Un point est absolument certain, bien qu'il ait été parfois oublié, c'est que le pape n'entend pas soustraire les évêques honorés du pallium à la juridiction de leur métropolitain.

A propos des patriarches d'Orient, il faut dire qu'Innocent III voulut les assujettir à la nouvelle législation en les obligeant à recevoir le pallium des mains du pontife romain. Quand on eut reconstitué l'empire latin de Constantinople, le pape fit élire comme patriarche de

(1) BENOIT XIV, *op. cit.,* p. 594.

cette ville Thomas Morosini, vénitien d'origine, le sacra lui-même et lui conféra le pallium, après en avoir reçu préalablement le serment de fidélité et d'obéissance dans la forme que les primats et métropolitains ont coutume d'observer (1). Puis il lui donna le pouvoir d'accorder le pallium aux archevêques, ses suffragants, de recevoir au nom du pape leur promesse d'obéissance à l'Eglise romaine (2). Le IV⁰ Concile de Latran, en 1215, sanctionna ces dispositions, mais la chute de l'empire latin de Constantinople vint en entraver l'application. On ne voit pas pourquoi Ed. Richer dans son *Histoire du Concile de Latran* et, à sa suite, P. de Marca (3) ont crié ici aux empiétements de la monarchie pontificale et à l'asservissement des métropolitains. Les souverains pontifes n'ont pas attendu le xiiᵉ siècle pour revendiquer la juridiction sur toute l'Eglise qu'ils ont reçue de Notre-Seigneur Jésus-Christ lui-même (4).

2. Quant aux questions de préséance, on admet aisément qu'un évêque honoré du pallium a le pas sur ses collègues dans l'épiscopat. Les archevêques de Gaule en particulier, dit D. Ruinard, furent très attentifs dans leurs assemblées à fonder leur droit de préséance sur la date où ils avaient reçu le pallium : on vit, aux Etats de Blois de 1576, l'archevêque d'Embrun prendre le pas sur celui de Vienne pour ce

---

(1) *Innocentii III papæ Gesta*, dans P. L., t. CCXIV, p. CXLIII.
(2) *Innocentii III Regestorum lib. VIII*, Ep. 20. — P. L., t. CCXV, col. 575.
(3) *De concordia sacerdotii et imperii*.
(4) Catalani, *Pontificale Romanum*, t. I, p. 381-385.

motif. Un conflit plus curieux encore s'éleva aux Etats généraux de 1665, entre les archevêques de Paris et d'Auch qui avaient reçu le pallium le même jour ; mais comme l'archevêque de Paris se l'était fait imposer solennellement trois mois avant son collègue, on lui donna gain de cause, bien que l'archevêque d'Auch eût été sacré évêque neuf ans avant lui (1).

Il résulte de tout cet exposé que, si l'Eglise romaine a donné une telle importance au pallium en refusant tout exercice de leurs droits et de leurs fonctions aux métropolitains et archevêques tant qu'ils ne l'ont pas reçu, les prélats eux-mêmes ont tenu à grand honneur de recevoir cet insigne pour marquer leur union plus étroite avec le saint-siège et leur plus complète dépendance vis-à-vis de Rome (2). Il y a là comme un lien qui relie le monde catholique à son centre, et il n'est pas étonnant que, lors du rétablissement de la hiérarchie en Angleterre, on ait repris aussitôt une tradition interrompue pendant trois siècles. Grâce au pallium, les archevêques actuels de Westminster sont les vrais successeurs de saint Augustin de Cantorbéry (3).

(1) D. RUINART, *opus citat.*, p. 474-475.
(2) D. RUINART, *it.*, p. 467.
(3) Voir la dernière page d'une brochure publiée à l'occasion de l'intronisation de l'archevêque de Westminster et ayant pour titre : *Enthronement of the most Rev. Father in God Francis archbishop of Westminster*, 1903.

Evêque du XI<sup>e</sup> siècle, revêtu
du pallium.

# DEUXIÈME PARTIE

## Le pallium au point de vue liturgique.

Cette seconde partie renfermera, en quatre chapitres, ce que les auteurs liturgiques ont écrit d'intéressant au sujet du pallium : 1° sa préparation ; 2° son imposition ; 3° son usage ; 4° son symbolisme.

## CHAPITRE PREMIER

### Préparation du pallium.

Il faut entendre par préparation du pallium tout ce qui concerne sa confection et sa bénédiction ; à la confection se rattache la matière et la forme.

1. *Matière du pallium.* — Un passage de saint Isidore de Péluse qui écrivait au vᵉ siècle nous dit que l'omophorion des Grecs était en laine : « Cet ornement que le prêtre porte sur ses épaules est tissé avec la laine et non avec le lin ; il est le symbole de la brebis perdue, que le Sauveur chercha au désert et rapporta sur ses épaules après l'avoir trouvée (1). » — S'il faut en croire Jean Diacre (2), l'ancien pallium, usité au temps de saint Grégoire le Grand, chez les Latins, aurait été tissé d'un lin très fin de couleur blanche « *ex bysso candente contextum* ».

(1) Voir P. G., tome LXXVIII, col. 272. — Cité aussi par CATALANI, *Pontificale Romanum*, tome I, p. 386.
(2) *Vita Sancti Gregorii Magni*, lib. IV, c. 8, P. L. t. LXXV c. 228.

D. Ruinart paraît disposé à accepter ce sentiment
sans se laisser arrêter par l'assertion de saint
Isidore de Péluse, parce que, dit-il, l'ornement
dont parle l'auteur grec s'entend d'un autre
petit manteau, *palliolum*, que portaient tous les
évêques ; d'après la vie de saint Germain de
Paris, on voit que les évêques latins avaient
aussi un petit manteau de ce genre (1). C'est
au viiie siècle qu'on aurait substitué la laine au
lin. Je pense, dit D. Ruinart, qu'un changement
dut se produire, vers le viiie siècle, dans la
matière et la forme du pallium et cela pour
deux raisons : la première est que les auteurs
ecclésiastiques ont une manière différente de
s'exprimer, selon qu'ils écrivent avant ou après
cette époque ; ceux qui écrivent après, comme
l'auteur des ouvrages édités sous le nom d'Al-
cuin, appellent souvent le pallium du nom de
*Collier, torques,* ce qui convient mieux à la
nouvelle forme qu'à l'ancienne. La seconde raison se tire des insinuations de Jean Diacre
qui écrivait au ixe siècle ; en signalant l'antiquité
du pallium grégorien, il semble vouloir blâmer
l'innovation des prélats ses contemporains qui
avaient adopté une nouvelle forme de pallium.
Cette innovation, selon toute vraisemblance, na-
quit de la coutume d'envoyer le pallium aux
métropolitains, coutume qu'on voit s'établir du
temps de saint Boniface, archevêque de
Mayence : la pratique nouvelle put passer ina-
perçue d'autant plus aisément qu'on ne dimi-
nuait rien des prérogatives attachées au
pallium (2).

(1) D. RUINART, *opus citat.*, p. 525.
(2) D. RUINART, *op., cit.* p. 551.

Il est à regretter que les lettres de saint Grégoire ne fournissent aucune indication pour élucider ce point (1).

La matière du pallium est maintenant de laine blanche. La description, donnée dans notre avant-propos, est tirée de Christophe Marcel, auteur d'un Cérémonial Romain. Nicolas de Braulion, prêtre de l'oratoire de France, ajoute quelques autres détails relatifs à la préparation de la matière ; les agneaux, portés à l'église Sainte-Agnès, le 21 janvier, sont présentés, de la place Saint-Pierre, au souverain pontife qui les bénit de la fenêtre de son palais ; les palliums fabriqués sont présentés au pape pour être bénits. Toutefois cette bénédiction n'a pas lieu tous les ans, mais quand la nécessité l'exige : c'est après cette bénédiction que les palliums sont déposés pour une nuit sur les tombeaux des saints apôtres (2).

2. *Forme du pallium.* — Suivant D. Ruinart elle aurait également changé vers le viiie siècle. Le fait est que l'ancien omophorion des Grecs était une bande beaucoup plus longue et un peu plus large que celle des Latins, elle entourait le cou et pendait par devant la poitrine jusqu'au-dessous des genoux (3). D. Ruinart pense que le pallium des temps anciens, même chez les Latins, a pu être une sorte de vêtement plus

---

(1) Voir la réflexion que fait l'annotateur des lettres de saint Grégoire : P. L., tome LXXVII, col 558.

(2) Nic. de BRAULION : *Dissertatio de Pallio,* cité par Catalani, p. 390

(3) CATALANI, *De codice Evangelii,* p. 100. — Un traité curieux écrit en Gaule, vers la fin du vi[e] siècle sous le titre : *Expositio brevis antiquæ liturgiæ gallicanæ,* dit qu'on attachait des sonnettes à l'extrémité des bandes, au temps de Pâques. — P. L., t. LXXII, p. 97 — La bande antérieure tombe jusqu'aux pieds dans un Pontifical anglo-saxon ayant appartenu à saint Dunstan.

ample et plus splendide (1). Grâce aux écrits d'Honorius d'Autun, d'Innocent III, de saint Brunon de Segni, etc., nous savons que le pallium, depuis la fin du x⁰ siècle, n'a pas varié dans sa forme : la description, déjà donnée (2), reproduit celle qui se lit dans le cardinal Bona (3) et dans le Cérémonial Romain de Christophe Marcel. Lorsque cet ornement est posé sur les épaules du prélat, et qu'on le regarde soit par devant soit par derrière, il représente assez exactement la forme d'un Y.

Les croix paraissent avoir été primitivement de couleur rouge : on en a une preuve dans la découverte, au xvii⁰ siècle, des restes de saint Léon le Grand ; le témoin chargé de reconnaître les saintes reliques dit, dans son rapport, qu'il restait sur l'épaule droite une petite croix de couleur rouge ayant fait partie du pallium pontifical (4). Par là se trouve écarté le sentiment de D. Ménard prétendant que le pallium antique n'avait pas de croix (5). — Au temps d'Innocent III, ces croix étaient encore rouges, ce qui peut expliquer les expressions du cardinal Bona « *purpureis crucibus sunt insignitœ fasciœ* » mais le pallium de Nicolas IV (1288-1294) et celui de Boniface VIII (1294-1303) ont des croix noires. Ce qui fait dire à l'annotateur de Bona que vers la fin du xiii⁰ siècle, les croix du

(1) D. RUINART, *op. cit.*, p. 525.
(2) Avant-propos, p. 4.
(3) *Rerum liturgicarum*, lib. I, c. 24, tome II, p. 273.
(4) *Acta Sanctorum, Aprilis*, tome II p. 21. — Raban Maur dit que pour le souverain pontife, les croix étaient de pourpre. P. L., t. CVII, c. 309. — Trois siècles plus tard, Innocent III parle aussi de croix de pourpre. « *cruces purpureas* ». P L., t. CCXVIII, c. 797.
(5) DU CANGE, *Glossarium*, tome VI, p. 117 et D. RUINART, p. 119.

pallium furent de couleur noire et au nombre de six, il n'y en avait encore que quatre, sous Innocent III. Jean Diacre ne parle pas des épingles, mais on les trouve mentionnées par les auteurs à partir du x<sup>e</sup> siècle ; voir pour s'en convaincre l'*Ordo romanus XIII,* cité au commencement du chapitre suivant (1).

3. *Bénédiction du pallium.* — Benoît XIV, dans sa bulle *Rerum ecclesiasticarum origines* (2), a fait l'historique de cette bénédiction. Voici en substance ce qu'il dit : Mallius, chapelain de la basilique de Saint-Pierre au Vatican, sous Alexandre III (1159-1181), cite, comme un privilège de la basilique, la cérémonie qu'il appelle « *vigilare pallia* ». Au dire d'un autre chanoine de la même basilique vaticane, Maphœus Vegius, il s'agit là d'une pieuse supplication à laquelle tout le clergé s'associe par le chant des psaumes pénitentiaux, des litanies et d'autres prières ; on y joint les vigiles nocturnes ou office de Matines et Laudes pour la fête de saint Pierre et saint Paul. Les livres des cérémonies romaines attribués à Christophe Marcel ajoutent que les palliums étaient, pendant ce temps, posés, à la Confession de saint Pierre, sous l'autel majeur où se trouvent les corps des saints apôtres, qu'on les y laissait pendant la nuit, qu'on les remettait ensuite aux sous-diacres de l'église chargés de les conserver en un lieu convenable. Plus tard, le prélat qui présidait à l'office de nuit, après avoir chanté les Laudes, vint à l'autel de la Confession, en habits

(1) Voir aussi l'*Ordo Romanus* II. MABILLON *Mus. Ital.,* II, p. 42.
(2) *Bullarium Benedicti XIV,* tome XVI des Œuvres, p. 417.

pontificaux, aspergea d'eau bénite, encensa les palliums puis prononça sur eux une formule de bénédiction : les ornements ainsi bénits furent laissés sur le tombeau des saints apôtres pendant toute l'octave. C'est alors qu'on les renfermait dans une boîte recouverte d'un voile de soie écarlate, cette boîte était déposée dans l'oratoire où l'on conserve les saintes reliques et la clef en était remise au premier maître des cérémonies pontificales. Benoît XIV dit qu'il a vu pendant longtemps pratiquer ce dernier rite. Il y a fait quelques modifications dans sa bulle : Désormais, dit-il, on apportera, chaque année, à la Confession de saint Pierre, un nombre suffisant de palliums. Le chanoine sacristain de la basilique fera cette cérémonie dès le matin de la vigile des saints apôtres : quand seront chantées solennellement les premières vêpres de la fête, le pape lui-même, ou, en son absence, le cardinal qui a officié pontificalement viendra bénir les palliums. La formule de bénédiction a été composée par Benoît XIV lui-même ; nous en donnons la traduction au chapitre iv : Symbolisme du pallium. La bénédiction achevée, on enfermera les ornements ainsi bénits dans une petite cassette d'argent, qui devra être conservée à la Confession près du corps de saint Pierre. Le soin et la garde de cette cassette incombent au sacristain de la basilique, il en remettra néanmoins la clef au premier maître des cérémonies pontificales (1).

(1) Pour les détails contenus dans ce chapitre et les suivants, on peut lire BRAUN : *Die Liturgische Gewaudung im Occident und Orient*, p. 620-623 et 638-651.

# CHAPITRE II

## Imposition du pallium.

Il faut distinguer ici les cérémonies qui s'accomplissent pour l'imposition du pallium au pape, et celles pour l'imposition aux autres prélats.

*Article I. — Imposition du pallium au pape.*

Le souverain pontife ne reçoit le pallium de personne, attendu que sa juridiction lui vient immédiatement de Notre-Seigneur lui-même : bien que ce soit l'archidiacre de l'Eglise romaine qui lui mette cet ornement sur les épaules, au jour de son couronnement, cette cérémonie n'implique pas une transmission de juridiction (1). — La cérémonie paraît assez ancienne. D. Ménard a relevé dans le *Codex Ratoldi,* un sacramentaire manuscrit qui remonte au xe siècle, certains détails de la cérémonie du couronnement du pape, concernant le pallium. On y lit, par exemple, qu'avant de monter à son trône, le nouveau pontife reçoit la consécration des mains de l'évêque d'Ostie, et que l'archidiacre lui met le pallium (2). — L'*Ordo romanus XIII* ou Cérémonial romain édité par ordre de Grégoire X (1271-1276) dit qu'après la récep-

(1) D. RUINART, *De Pallio,* p. 512.
(2) D. MÉNARD, *Notes sur le Sacramentaire Grégorien,* P. L., tome LXXVIII, col. 507.

tion des cardinaux au baisement du pied, au jour de sa consécration, le souverain pontife vient à l'autel, y prend le pallium qui a été préparé par le premier des sous-diacres de la chapelle pontificale ou le prieur de la basilique *Sanctæ Sanctorum* ; alors les deux premiers cardinaux-diacres soutiennent le pallium et, seul, le premier des deux présente au pape le pallium en disant : « *Recevez le pallium qui est la plénitude de la charge pontificale, à l'honneur du Dieu tout-puissant...* » puis il lui adapte l'ornement avec les trois épingles d'or. La même cérémonie se trouve indiquée dans les mêmes termes, dans l'*Ordo romanus XIV*, œuvre de Jacques Gaétan, cardinal-diacre sous Boniface VIII et ses successeurs immédiats (1). — L'*Ordo romanus XV*, œuvre de P. Amelius, en 1378, parlant de la mort du pape, dit qu'on l'ensevelit avec les ornements de sa dignité et mentionne en particulier le pallium qui avait été pris du corps de saint Pierre (2).

### *Article II. — Imposition du pallium aux prélats.*

Ceux qui recevaient le pallium eurent, de tout temps, plusieurs formalités préalables à remplir ; après la concession faite par le pape, il restait la cérémonie d'imposition solennelle qui s'accomplissait, soit à Rome, soit à l'église cathédrale du prélat auquel le pallium était accordé.

---

(1) Pour ces deux *Ordines Romani*, voir P. L., t. LXXVIII col. 1109 et 1129.
(2) *Item*, P. L., tome LXXVIII, col. 1351.

1. *Formalités préalables*. Comme on le voit dans les lettres de saint Grégoire le Grand, il fallait une demande faite par l'intéressé, appuyée par son clergé ou ses coévêques, pour que le pallium lui fût accordé. Saint Grégoire le dit expressément dans une lettre à Brunehault au sujet de l'évêque d'Autun, Syagrius (1). Même quand le pallium fut devenu obligatoire pour les archevêques, la demande dut être faite et présentée au souverain pontife, écrite de la main même du solliciteur ou du moins signée par lui. On a vu qu'Innocent II ne voulut pas acquiescer à la demande du pallium faite par saint Malachie pour les archevêques d'Irlande, avant d'avoir obtenu l'avis du clergé de l'île réuni en un concile national. Le pape Jean VIII refusa d'abord le pallium à Vuilibert de Cologne parce que la demande n'était pas faite dans les conditions voulues.

Du Cange donne la formule suivante où l'église sollicite la faveur du pallium pour son évêque. *Supplicat Sanctitati vestræ Ecclesia, quatenus venerabili patri domino B. electo ipsius ecclesiæ et de mandato Sanctitatis Vestræ consecrato, pallium de beati Petri tantum corpore sumptum, in quo plenitudo pontificalis officii, cum archiepiscopalis nominis applicatione, confertur, concedatis, si placet; et hoc supplicat et petit instanter, humiliter et devote, et iterum hoc supplicat et petit instantius (2).*

_______

(1) P. L., LXXVII, col. 953.
(2) Du Cange, *Glossarium*, tome VI, p. 47. L'ancienne formule attribuée à saint Grégoire disait : *Ego electus ecclesiæ N. instanter, instantius, instantissime peto mihi tradi pallium*, etc.

Depuis longtemps déjà, la demande est adressée au pape en consistoire semi-public par un avocat consistorial ; Benoît XIV, dans une allocution du 23 septembre 1750, nous fait connaître que c'était l'usage en vigueur au xviiie siècle (1).

A cette demande devait être adjointe la profession de foi du candidat ; le concile de Ravenne, sous Jean VIII, requit cette condition, et saint Boniface de Mayence y joignit la promesse d'obéissance au souverain pontife. Les archevêques remplissent cette formalité dans la cérémonie de l'imposition, comme on peut le voir au pontifical romain (2). — Vers le milieu du xie siècle, la formule du serment des archevêques fut modifiée par les soins de saint Grégoire VII ; la querelle des investitures en fut l'occasion, et ce ne fut pas sans peine que les évêques d'Allemagne et d'Italie s'y soumirent. Les souverains pontifes tinrent bon ; Pascal II répondit à une pétition venue de Hongrie pour l'abrogation de la prestation de serment : « *Puisque vous demandez au siège apostolique les insignes de votre dignité, que ces insignes sont tirés du corps de saint Pierre, il est juste que vous donniez à ce siège les marques légitimes de votre soumission.* » Le calme se fit sur ce point, la formule fut acceptée et depuis elle est universellement en usage : on la trouve un peu amplifiée dans le pontifical romain édité par les soins de Clément VIII et d'Urbain VIII ; elle sert non seulement aux métropolitains pour la réception du pallium, mais aux simples évê-

(1) *Benedicti XIV opera. — De Synode diœcesana*, t. XI, p. 594.
(2) Catalani, *Pontificale romanum*, tome I, p. 389.

ques pour leur consécration, aux abbés pour leur bénédiction (1).

A la demande des intéressés, le pape répondait par écrit, comme on peut s'en convaincre par la lecture des lettres de saint Grégoire ; on trouve aussi dans l'appendice aux lettres de ce pape une formule de concession du pallium (2). L'allocution de Benoît XIV citée plus haut nous apprend que, suivant la discipline canonique moderne, la concession, comme la demande, se fait en consistoire semi-public.

2. *Cérémonie d'imposition.* — Primitivement, il fallait se rendre à Rome pour recevoir le pallium, mais un usage, qui a prévalu surtout depuis le XII\ :e siècle, admet que les prélats empêchés reçoivent cet insigne des mains d'un délégué pontifical. Saint Grégoire VII, dans une lettre à Brunon de Vérone, fait allusion à ce qui avait été statué par ses prédécesseurs : « *Nous ne vous accordons pas pour le moment le pallium, parce que l'autorité de nos prédécesseurs a statué qu'on l'accorderait uniquement à la personne présente à Rome.* » Saint Pierre Damien parle aussi de cette pratique comme étant de rigueur : cependant, il reconnaît qu'il y avait eu, dans les temps anciens, des exceptions à cette règle, mais alors les papes s'étaient fait représenter dans les provinces par un légat qui soumettait le candidat à un examen sérieux et recevait sa profession d'union perpétuelle au saint-siège (3). Il semble bien que, même du temps

(1) D. Ruinart, *De Pallio archiepiscopali*, p. 507-511.
(2) P. I., tome LXXVII. col. 1348.
(3) Catalani, *Pontificale romanum*, tome I, p. 386.

de saint Grégoire le Grand, les métropolitains
pouvaient envoyer à Rome un prélat qui recevait le pallium en leur nom (1). — A. Lorsque le
titulaire lui-même vient à Rome pour y recevoir
cet insigne, le soin de le lui imposer incombe
au premier des cardinaux-diacres (2), d'après
le livre des cérémonies de l'Eglise romaine.
Cependant, il ne paraît pas que cette pratique
soit bien ancienne, car on trouve dans un des
*ordines romani* une oraison que le pape lui-
même doit réciter sur l'archevêque avant que
celui-ci ne reçoive le pallium : on vit, au xve siècle, le pape Sixte IV (1471-1484) donner de ses
propres mains cet insigne au patriarche de
Constantinople alors que ce prélat était simple-
ment archevêque de Crète. Cinq siècles aupara-
vant, on vit saint Dunstan de Cantorbéry venir
à Rome pour y recevoir le pallium (960) ; le
pape Jean XII ne le lui imposa pas, mais lui
ordonna de le prendre lui-même sur l'autel (3).

B. Plus communément maintenant le titulaire
ne va pas lui-même à Rome : après la préconi-
sation du nouvel archevêque, le pape l'informe
que sa demande concernant l'usage du pallium
est acceptée, qu'un évêque sera désigné pour
lui imposer cet insigne, après être venu le pren-

(1) *S. Gregorii Magni Epistolæ*, Lib. V, Ep. 57, P. L.
tome LXXVII, col. 790.

(2) Remarquons ici une différence entre le pouvoir d'ordre et de
juridiction : il faut être évêque pour consacrer un évêque et lui donner le pouvoir d'ordre ; un simple prêtre ou même un diacre peut
imposer le pallium, insigne de juridiction.

(3) D. Ruinart, *De Pallio archiepiscopali*, p. 514-516. — Il paraît
que saint Anselme de Cantorbéry s'autorisa de ce précédent ; comme
il n'avait pu se rendre à Rome, le pallium lui fut apporté par un
légat. Au moment de la cérémonie, Anselme alla lui-même prendre
sur l'autel le pallium et le mit sur ses épaules.

dre à Rome ; puis il ajoute des avis paternels concernant les devoirs de sa charge, lui rappelle les vertus que symbolise le pallium. — Un rescrit est remis à l'évêque chargé de porter cet insigne ; il reçoit mission de l'imposer au candidat conformément au cérémonial indiqué dans la Bulle ; il recevra le serment de fidélité de l'archevêque, le lui fera mettre par écrit et marquer de son sceau, puis enverra cet écrit à Rome sans retard. Au jour convenu, on se réunit, soit à l'église métropolitaine, soit dans une autre du diocèse ou de la province ; on célèbre la sainte messe, et après la communion du célébrant, le pallium est posé sur le milieu de l'autel, étendu et recouvert d'un voile de soie. Après la messe, l'évêque célébrant, revêtu de la chape et des autres ornements pontificaux, prend place au fauteuil au milieu de l'autel, reçoit au nom du saint-siège le serment de fidélité que l'archevêque prononce à genoux, la main sur le livre des Evangiles. Le serment prêté, l'évêque se lève, prend le pallium sur l'autel, le place sur les épaules de l'élu qui demeure à genoux, revêtu préalablement de tous les ornements pontificaux, à l'exception de la mitre et des gants. L'évêque, en imposant le pallium, dit ces paroles : « *A l'honneur du Dieu tout-puissant, de la bienheureuse Marie toujours Vierge, des saints apôtres Pierre et Paul. de Notre Saint-Père le Pape N... et de la Sainte Eglise Romaine, de l'église de N... qui vous est confiée, nous vous remettons le Pallium, pris du corps de saint Pierre, dans lequel est la plénitude de l'office pontifical, avec l'appellation du nom patriar-*

*cal ou archiépiscopal ; pour que vous en usiez dans l'intérieur de votre église, à certains jours qui sont énumérés dans les privilèges à vous concédés par le Saint-Siège. Au nom du Père, et du Fils, et du Saint-Esprit. Ainsi soit-il.* Ce rit achevé, l'évêque se retire au coin de l'autel du côté de l'Evangile ; alors l'archevêque se lève, monte à l'autel, ayant devant lui sa croix archiépiscopale, et, s'il est dans sa province, bénit solennellement le peuple ; après quoi il quitte ses ornements dans l'église même et tout le monde se retire.

Le Pallium.

3. Reste à accomplir la *cérémonie de l'intronisation.* Elle est un peu différente suivant les deux modes d'imposition du pallium précédemment décrits. Pour en donner une idée, qu'il

nous soit permis de résumer ce qu'on lit dans un pontifical du XVᵉ siècle à l'usage de l'église de Cantorbéry (1). — A. Lorsque le prélat est allé recevoir le pallium à Rome : de grand matin, le convent ou chapitre récite l'office du jour jusqu'à tierce. A l'arrivée de l'archevêque, le prieur (ou doyen) et le convent (ou chapitre) en chapes vont à sa rencontre jusqu'à l'entrée du cimetière ou de la cathédrale, on présente au prélat l'eau bénite et l'encens. Un clerc, qui accompagne le prélat et porte le pallium dans une boîte d'argent, présente son précieux fardeau au prieur ; celui-ci ouvre la boîte, déplie le pallium et le remet aux mains du plus ancien chanoine. Pendant ce temps, l'archevêque s'est agenouillé et a baisé la croix et le livre des Evangiles. La procession s'avance jusqu'au maître-autel ; le chanoine qui porte solennellement le pallium va le déposer sur l'autel. On chante un répons en l'honneur de la sainte Trinité, le prieur chante les versets et l'oraison pour le prélat, après quoi celui-ci bénit le peuple, entonne le *Te Deum*, et va au fauteuil. Quand le *Te Deum* est terminé, les chanoines et le clergé de la cathédrale s'approchent successivement de l'autel et baisent le pallium. Après quoi, le prélat se rend à la sacristie, précédé du chanoine qui porte le nouvel insigne. Là se termine la première partie de la cérémonie ; elle est suivie de la messe pontificale. L'archevêque sort de la sacristie, revêtu des ornements pontificaux et portant sur la cha-

______

(1) Conservé à Londres au *British museum, Mss.*, 6157. — Il concorde en ce point avec le *Lincoln pontifical* reproduit dans les *Monumenta ritualia Ecclesiæ anglicanæ* de W. Maskell, 3 vol. Oxford, 1885, tome II, p. 310.

suble le pallium : quand il entre au chœur, on chante le répons : *Deum time et mandata ejus observa, hoc est enim omnis homo ;* le prieur ou doyen dit une première oraison, conduit l'archevêque à son trône, se tient en face de lui et récite une seconde oraison, puis, le faisant asseoir, il dit la formule d'intronisation : *In nomine Dei*, etc... le chœur chante le répons : *Béni soit Dieu qui vous a choisi pour pasteur*, etc..... Les chanoines et le clergé viennent, deux à deux, rendre hommage à l'archevêque et baiser sa main ; puis après une dernière oraison récitée par le prieur (ou doyen) la messe pontificale se célèbre comme à l'ordinaire. Le prélat en terminant donne la bénédiction et accorde une indulgence (1).

B. Lorsque le pallium est envoyé de Rome par un délégué spécial, tout se passe comme précédemment jusqu'à la procession. A cette procession, l'archevêque se joint au chapitre après avoir revêtu les ornements pontificaux, mais il marche pieds nus devant les chanoines en chapes. Ils vont au-devant du délégué pontifical ; celui-ci en aube et en chape porte avec respect le pallium renfermé dans une boîte d'argent ou d'or.

Quand on l'a rencontré, tous reviennent au chœur, le délégué marchant après l'archevêque ; le pallium est déposé sur le maître-autel ; l'archevêque, après s'être prosterné, fait sa profession de foi, reçoit le pallium entre ses mains et

_____

(1) Ce cérémonial fut observé en 1903 à Westminster pour l'intronisation de Mgr Bourne. Voir la brochure déjà signalée à la fin de la première partie.

entonne le *Te Deum*. Pendant le chant de cette hymne, il se place devant l'autel tenant le pallium plié dans sa main et tous viennent vénérer l'insigne. Après qu'on lui a lavé les pieds, l'archevêque se prépare à célébrer la messe, on le revêt à la sacristie de ses ornements pontificaux, mais avant de lui donner le pallium, le délégué, s'il est évêque, ou un évêque assistant, récite une oraison, impose au prélat le pallium en disant la formule donnée précédemment (d'après le rit romain conforme aux prescriptions d'Innocent III. Les anciens livres de l'église anglicane donnent ici une autre formule). Puis la cérémonie se poursuit, comme il a été dit précédemment, en ce qui concerne l'entrée au chœur, l'intronisation et la messe pontificale.

Il faut noter ici que les souverains pontifes ont toujours évité d'exiger une redevance pour la collation du pallium, alors même que cet insigne était purement honorifique. On l'avait réglé ainsi bien avant le pontificat de saint Grégoire le Grand ; ce prélat voulut renouveler l'ancienne règle à ce sujet dans un synode tenu à Rome (1). La constitution fut confirmée par ses successeurs, notamment par le pape saint Zacharie ; dans une lettre à Boniface, archevêque de Mayence, il se plaint d'avoir appris qu'on était persuadé du contraire dans certaines régions et qu'on le disait disposé à accorder le pallium pour en percevoir des avantages temporels, ce qui serait une hérésie simoniaque. On ne saurait exprimer en termes plus vigou-

---

(1) Joan. Diaconus, *Vita S. Gregorii*, lib. 3, c. 5, P. L., tome LXXV col. 152.

reux son aversion pour une pratique aussi contraire à l'esprit de l'Eglise : *Anathematizamus
namque omnes quicumque ausi sunt donum
Spiritus Sancti pretio venumdare* (1).

---

# CHAPITRE III

## Usage du pallium.

Deux points sont ici à considérer : dans quel
sens on doit dire que le pallium est exclusive-
ment personnel, dans quelles circonstances les
prélats qui l'ont reçu sont autorisés à le revêtir.

1. Le pallium est *personnel*, en ce sens que,
seule, la personne pour laquelle il a été accordé
peut s'en servir. Le pape Célestin III a déclaré
qu'un archevêque ne pouvait pas prêter son pallium à un métropolitain, son collègue. Le successeur d'un archevêque ne peut user du pallium
de son prédécesseur, que celui-ci soit mort ou
ait été transféré à un autre siège : le nouvel élu
doit solliciter et obtenir pour lui-même un nouveau pallium. D'autre part, si ce nouvel élu
avait déjà reçu pour lui-même le pallium dans
la charge dont il était précédemment investi, il
ne peut se servir de son ancien pallium, mais
doit en demander un pour la charge nouvelle

---

(1) *S. Zachariæ epist. 113* dans **Mansi**, *Conciliorum omnium amplissima Collectio*, tome XII, p. 324.

qui lui incombe. L'archevêque, à sa mort, est
enseveli avec son pallium, parce qu'il doit pré-
senter au tribunal de Dieu les âmes dont il avait
la charge ; même s'il a reçu deux palliums durant sa vie, il est enseveli avec les deux, ayant
à répondre au Souverain Juge pour le double
troupeau dont il a été chargé. S'il est enterré
dans sa province, on lui met le pallium sur les
épaules, sinon, on met le pallium plié sous sa
tête (1). Le cérémonial des évêques prescrit de
garder avec beaucoup de soin cet insigne. Tout
pallium perdu ou devenu hors d'usage doit être
remplacé par un autre venu de Rome. Un archevêque de Siponto, ayant été dépouillé en mer
par les pirates de tous ses biens, même de
son pallium, dut en demander un nouveau
au pape Urbain VIII (2).

2. *Circonstances* dans lesquelles les prélats
*peuvent user* du pallium. Seul, le pontife romain
peut en user aux messes solennelles, toujours
et partout où il célèbre, parce qu'il possède
dans toute sa plénitude et pour tout l'univers la
puissance ecclésiastique. Des documents nous
apprennent que les papes ont usé du pallium,
même en dehors des messes solennelles ; ainsi,
l'*Ordo romanus X, num. XIII*, parle d'une procession faite le vendredi saint, entre la basilique
du Latran et Sainte-Croix de Jérusalem ; D.
Georgi (3) en conclut qu'à cette procession le
pape portait le pallium sur la chasuble, car, ar-

(1) BONA, *Rerum liturgicarum Lib. I*, c. 21 ; note de l'annotateur
SALA, t. I, p. 280-281. — *Cærem. Episc.*, lib. I, col. 16.
(2) MACRI, *Hierolexicon*, p. 415.
(3) GEORGI, *De Liturgia Romani Pontificis*, cap. 25, n. 11.

rivé à Sainte-Croix, le pape va à la sacristie et on lui enlève la chasuble avec le pallium (1). Par les actes du Concile de Bari (en 1097), on voit aussi que les Papes étaient revêtus du pallium dans les conciles. Urbain II, revêtu de la chasuble et du pallium, monta au trône, les autres Pères siégeant en chape.

B. Quant aux autres prélats, les pontifes de Rome ont toujours empêché qu'ils revêtissent le pallium en dehors des messes solennelles et en dehors de l'église (2). Cette restriction, passée en usage, est signalée dans les lettres de saint Grégoire le Grand ; il écrit à Jean de Ravenne : « Vous ne devez pas ignorer, semble-t-il, qu'on n'a jamais dit d'un métropolitain au monde qu'il eût usé du pallium en dehors de la messe (3). »

A Syagrius d'Autun, il écrit : « Vous devez user du pallium dans votre église et seulement pour la messe solennelle (4). » Dans une autre lettre à Jean de Ravenne, il insiste sur la répression de l'abus déjà signalé : « Par un sentiment d'ostentation, vous usez du pallium en dehors de l'église ; vous n'avez jamais osé le faire sous mes prédécesseurs, eux-mêmes ne l'ont jamais pratiqué, comme l'attestent nos responsoriaux (si ce n'est peut-être pour des translations de re-

---

(1) *Ordo Romanus X*, P. L., t. LXXVIII, col. 1078.

(2) Certains archevêques avaient cru qu'ils pouvaient user du pallium en dehors de leur province : cette pratique qui s'était particulièrement établie en Espagne, a été déclarée abusive, *tanquam corruptela*, par Innocent III. Voir à ce sujet de plus longs détails dans D. RUINART, p. 538 et seq.

(3) *S. Gregorii M. epistolæ*, lib. III, ep. 56. P. L., t. LXXVII, col. 651

(4) *Item*, lib. IX, ep. 108, col. 1036.

liques) (1). » — Un synode romain, sous Jean VIII, porta la sanction suivante : « Tout métropolitain qui aura usé du pallium sur les places publiques ou dans les processions et ne se sera pas contenté de le revêtir aux principales fêtes indiquées par le saint-siège seulement pour la messe solennelle, sera privé de l'honneur de le porter. » Le cardinal Bona regarde comme dénué de fondement ce que dit Flodoard, à savoir que l'archevêque Hincmar de Reims aurait été autorisé à porter le pallium tous les jours (2). Cette assertion, d'ailleurs, ne s'accorderait guère avec ce que l'archevêque de Reims dit dans une de ses lettres au pape Nicolas Ier : « Quant au pallium dont je n'userais pas conformément à ce qui été prescrit, je vous déclare en toute sincérité que, sauf aux jours de Noël et de Pâques, j'use à peine durant toute l'année du même pallium,..... je n'en use pas toutes les fois que cela m'a été concédé (3). »

Dans la suite des temps, les souverains pontifes ont porté des prohibitions tendant à restreindre l'usage du pallium aux seuls jours mentionnés dans la concesion du privilège. Ainsi Honorius III déclare qu'il n'est pas permis à l'archevêque de célébrer la messe des défunts avec le pallium ; Clément III décide qu'on ne le portera pas aux processions (S. Grégoire le Grand, nonobstant ses avis à Jean de Ravenne, avait été amené à des concessions en

----

(1) *Item*, lib. V, ep. 15, col. 755.
(2) BONA, *Rerum liturgic*, lib I, c. 24, tome II, p. 572.
(3) *Epistola Hincmari ad Nicolaum papam*, epist. XI, P. L, t. LXXVI, col. 89.

faveur de son successeur Marinianus : en dehors de l'église, lui écrivait-il, nous ne vous permettons plus de porter le pallium que quatre fois l'année, dans les processions (1).

La série des jours où les prélats pouvaient user du pallium a un peu varié selon les époques. Ainsi le pape Adrien II, concédant le pallium à l'évêque de Nantes, lui assigne un assez petit nombre de jours où il pourra le porter. Ce sont : Pâques, Noël *ou* l'Ascension, l'Assomption de la Sainte Vierge *ou* la fête de saint Pierre et de Saint Paul, *ou* la nativité de saint Jean-Baptiste, la Saint-Martin, l'anniversaire de sa consécration épiscopale. Saint Nicolas Ier écrit à Rodolphe, archevêque de Bourges : ceux-là seuls qui en ont obtenu la permission du saint-siège peuvent porter le pallium le jeudi saint. A cette époque-là le jeudi saint n'était pas encore au nombre des jours où l'on pouvait user du pallium.

Des lettres des papes Alexandre II et Urbain II nous attestent qu'il existait une diversité dans la désignation de ces jours : ainsi Alexandre II (1061-1075) cite Noël, l'Epiphanie, le Jeudi Saint, Pâques, l'Ascension, la Pentecôte, la Nativité de saint Jean-Baptiste, la fête des saints Pierre et Paul, les quatre fêtes de la sainte Vierge, Nativité, Annonciation, Purification, Assomption, deux fêtes du saint ange ; également les fêtes des douze apôtres, de saint Grégoire, des saints Serge et Bacchus, de tous les

_______

(1) *S. Gregorii M. epistolæ*, lib. V, ep. 56, P. L., tome LXXVII, col. 789.

saints ; enfin l'anniversaire de la consécration du prélat et chaque fois qu'il fera une ordination ou une consécration d'église. Urbain II (1088-1099) omet plusieurs de ces jours, comme les fêtes de la sainte Vierge, celles de saint Grégoire, des saints Serge et Bacchus, puis ajoute les fêtes de saint Etienne, de saint Nicolas, de saint Sabinus. — La liste suivante se lit dans une lettre d'Innocent III (1) ; elle passa dans la formule d'imposition du pallium rédigée par ce pontife : Noël, saint Etienne, Circoncision, Epiphanie, Dimanche des Rameaux, Jeudi Saint, Samedi Saint, Pâques, Lundi de Pâques, Ascension, Pentecôte, trois fêtes de la sainte Vierge, Nativité de saint Jean-Baptiste, fêtes de tous les apôtres, Toussaint, Dédicace des Eglises, consécrations d'évêques, ordinations de clercs, fêtes principales de l'église métropolitaine, anniversaire de la consécration du prélat. — La formule actuelle du pontifical romain ajoute à cette liste : le mardi de Pâques, le Dimanche *in Albis*, la fête du Saint-Sacrement, la quatrième fête en l'honneur de la sainte Vierge, le jour de la consécration des religieuses et l'anniversaire de la dédicace de l'église : ces fêtes sont mentionnées assez souvent dans les documents pontificaux et paraissent avoir fait l'objet d'un privilège spécial accordé à certaines églises : chaque métropolitain n'a qu'à s'en tenir sous ce rapport aux termes du rescrit qui lui est accordé (2).

---

(1) *Innocentii III Regestorum*, lib. XV, 57. P. L., tome CCXVI, col. 586.

(2) Catalani, *Pontificale Romanum*, tome I, p. 405 et 406.

A la série des fêtes que mentionne le Pontifical Romain, Léon XIII a ajouté celles de l'Immaculée Conception et de saint Joseph (1).

Signalons, en terminant ce chapitre, la pratique des évêques grecs de quitter l'omophorion pendant le chant de l'Évangile ; saint Isidore de Péluse nous dit que « c'est à l'imitation du divin Pasteur ; pour retrouver la brebis perdue, il n'a pas hésité à dépouiller l'éclat de sa nature divine et à revêtir nos infirmités (2). Siméon évêque de Thessalonique, dans son traité *De Mystagogia* donne aussi l'explication de ce rit très ancien dans l'église orientale (3). La pratique n'a pas été adoptée par l'église occidentale, mais on peut y trouver la raison pour laquelle les souverains pontifes ont restreint l'usage du pallium à la messe solennelle. Comme on le verra dans le chapitre suivant, le pallium de laine symbolise la brebis perdue, et celle-ci n'a été vraiment retrouvée que par le sacrifice sanglant de la croix dont la messe est le mémorial et la continuation à travers les siècles.

(1) Voir *Cæremoniale Episcoporum*, lib. I, cap. 16, p. 72-73, édition de Ratisbonne, 1902.

(2) P. G., tome LXXVIII, col. 271 ; *Isidori Pelus. Epist.* 136, lib. I.

(3) CATALANI, *De Codice Evangelii*, lib. II, c. 21, p. 96. Voir aussi une annotation dans les lettres de saint Grégoire, P. L., tome LXXVII, col 651 et notre opuscule : *Les Évangéliaires*, p. 36.

# CHAPITRE IV

## Symbolisme du pallium.

L'usage du pallium, lisons-nous dans le cérémonial des évêques (1), renferme de nombreuses significations mystiques, et, au témoignage de D. Ruinart, il faudrait des volumes pour reproduire les interprétations données par les auteurs de tous les âges. Après avoir signalé quelques expressions des anciens, depuis saint Grégoire le Grand jusqu'à Innocent III, on citera ici plus longuement ce dernier pape qui semble avoir condensé, dans une seule page, les explications de ses devanciers et on terminera par la belle prière que Benoît XIV a composée pour la bénédiction du pallium.

1. Pour saint Grégoire le Grand, cet insigne prêche l'humilité et la justice : entendons par là l'attention à se montrer modeste dans la prospérité, ferme et compatissant au milieu de l'adversité qui peut fondre sur le pasteur ou sur le troupeau. Il faut donner à l'honneur que procure cette marque distinctive le contrepoids de l'humilité (2). — Amalaire estime que les deux pendants du pallium symbolisent la beauté

(1) Liv. I, c. 16, n. 7, p. 74.
(2) *S. Gregorii Mag. Epistolæ ad Maximum salonitanum — ad Constantium mediolanensem*, P. L., tome LXXVII, col. 1059 et 669,

de la doctrine, l'ordre harmonieux des préceptes divins ; ils sont rattachés' en passant autour du cou du prélat, pour faire entendre que les œuvres du pasteur doivent être en harmonie avec ses discours (1). Le signe de la croix, dit Raban Maur, est marqué en couleur de pourpre sur le pallium par devant et par derrière pour apprendre au pontife qu'il doit se souvenir de la passion du Sauveur et rappeler ce souvenir aux fidèles. On porte cet insigne à la messe solennelle, dit Honorius d'Autun, parce que dans ce sacrifice adorable apparaissent les mystères de la passion. Les Grecs, à la suite de saint Isidore de Péluse, ont vu dans l'omophorion la peau de cette brebis que le Seigneur chercha quand elle s'était perdue et qu'il ramena sur ses épaules. L'évêque montre par cet insigne qu'il est l'imitateur de Jésus-Christ, le suprême pasteur, qu'il veut à son exemple porter sur lui les infirmités de son troupeau (2). Le pape Clément II (1047), envoyant le pallium à Jean de Salerne, s'inspire de la même pensée quand il lui écrit : « Apprenez donc à veiller, à regarder tout autour de vous pour qu'aucune de vos brebis ne s'égare et ne tombe sous la dent du loup ; si ce malheur arrivait à quelqu'une, soyez attentif à la prendre sur vos épaules pour la rapporter au bercail. » Saint Bruno d'Asti rapproche le pallium du rational et du superhuméral que portait le grand-prêtre de la loi ancienne et tire

(1) AMALAIRE, *de ecclesiasticis officiis*, liv. II, cap. 23, P. L., t. CV. col. 1098.

(2 S. ISIDORE DE PÉLUSE, P. G., LXXVIII, col. 272.

de ce rapprochement de salutaires leçons (1).

2. On peut dire d'Innocent III (1198-1216) qu'il n'a omis aucune des applications mystiques du pallium, dans cette page que nous voulons traduire : Le pallium, dont usent les archevêques, marque l'ordre avec lequel ils doivent gouverner leurs sujets et se gouverner eux-mêmes. Ils acquièrent, par le combat, cette couronne de grâce et cette parure pour le cou dont parle le Livre des Proverbes (ch. I, v. 9). Le pallium est fait de laine blanche, a dans sa partie supérieure comme un cercle qui couvre les épaules et deux bandes qui tombent l'une sur la poitrine, l'autre par derrière : il porte quatre croix de pourpre ; la bande est double du côté gauche et simple du côté droit. Or, chacun de ces détails a ses significations mystiques et est plein de symboles divins. Le pallium est fait avec la laine des agneaux, cet animal plein de douceur auquel Notre-Seigneur a voulu être comparé (Isaïe, ch. LIII, v. 7). Le cercle du pallium qui couvre les épaules et les rapproche pour ainsi dire l'une de l'autre symbolise la crainte du Seigneur qui limite notre activité dans le cercle des œuvres bonnes et utiles. Elle empêche d'incliner à gauche en faisant le mal, ou à droite en faisant des œuvres superflues. Les quatre croix de pourpre symbolisent les quatre vertus cardinales de justice, de force, de prudence et de tempérance ; ces dispositions, si elles n'étaient comme empourprées du sang de Jésus, ne mériteraient

(1) *De Sacramentis Ecclesiæ*, P. L., tome CLXV, ool. 1106.

pas véritablement le nom de vertus et ne con-
duiraient pas à la véritable félicité des saints.
Celui donc qui porte l'insigne du pallium, pour
être vraiment ce qu'il paraît, doit avoir devant
lui la *justice* pour rendre à chacun ce qui lui
est dû ; par derrière, la *prudence* pour éviter
tout ce qui pourrait être préjudiciable aux
autres ; sur l'épaule gauche, la *force* pour ne
pas se laisser accabler par l'adversité ; sur
l'épaule droite, la *tempérance* pour ne pas se
laisser éblouir par la prospérité. Les deux
bandes, dont l'une tombe par derrière et l'autre
devant la poitrine, symbolisent, l'une la vie
active de Marthe, l'autre la vie contemplative
de Marie ; elles apprennent encore au prélat
qu'il doit, à l'exemple de Moïse, tantôt se tenir
sur la montagne pour parler à Dieu, tantôt
descendre dans le camp pour songer aux inté-
rêts du troupeau, entre ces deux alternatives,
ne jamais se laisser appesantir et courber vers
la terre (Sagesse, chap. IX, v. 15). La partie
doublée sur l'épaule gauche représente le fardeau de la vie présente qu'il faut savoir porter
avec courage ; la partie simple de l'épaule droite
apprend avec quelle allure dégagée il faut s'éle-
ver vers le ciel. Trois épingles sont enfoncées
dans le pallium, une devant la poitrine, une
autre sur l'épaule gauche, la troisième par
derrière : ce qui apprend au pontife qu'il doit
compatir aux maux du prochain, dût son cœur
en être percé, être tout entier aux devoirs de sa
charge, dût son épaule fléchir sous le poids de
la fatigue ; montrer parfois la sévérité d'un
juge, dût son troupeau en être terrifié. L'absence

d'épingle sur l'épaule droite signifie qu'au ciel, dans l'éternel repos, il n'y aura plus d'affliction ni de peine (1).

3. Sous une autre forme, Benoît XIV (1740-1758) a exposé les enseignements à tirer du pallium ; il les a renfermés dans une prière pour la bénédiction de cet insigne : « Daignez, Seigneur, par notre ministère, répandre votre bénédiction sur ces palliums, afin que par leur moyen soient réalisées la plénitude et l'excellence de la charge pastorale dont ils sont la représentation symbolique. Quiconque portera cet insigne doit comprendre, ô mon Dieu, qu'il est le pasteur de votre troupeau, et montrer par ses œuvres qu'il n'en porte pas inutilement le nom. Qu'il soit l'imitateur du Pasteur suprême et bon, qui a rapporté sur ses épaules la brebis errante, l'a fait rentrer dans le bercail, a donné tout son sang pour son salut. Qu'à son exemple, il se montre, dans la garde du troupeau confié à ses soins, attentif, vigilant, circonspect pour qu'aucune de ses ouailles ne tombe dans les pièges et sous la dent du loup. Que, sous l'influence d'un zèle bien réglé, il cherche la brebis perdue, ramène la brebis égarée, fortifie la brebis débile, guérisse la brebis malade, Qu'il voie placée sur ses épaules la croix dont votre divin Fils a volontiers supporté les tourments au lieu de goûter la joie qui se présentait devant lui ; que le monde soit crucifié pour lui comme il l'est pour le monde. Qu'il prenne sur ses épaules le

---

(1) *Innocentii III, de Sacro altaris mysterio*, lib. I, cap. 63, P. L., tome CCXVII, col. 797-799.

joug de l'évangile, que ce joug lui soit doux et
léger, qu'il s'avance à grands pas dans la voie
de vos commandements, donnant aux autres
l'exemple de la docilité. Que ce pallium soit
enfin pour le pontife le symbole de l'unité, le
signe du ralliement au saint-siège, le lien de la
charité, la garantie du divin héritage, le gage
de l'éternelle sécurité, afin qu'au jour du Juge-
ment, Jésus Christ, le prince des pasteurs, le
revête de la robe de gloire et d'immortalité, avec
les brebis confiées à ses soins (1). » — On le voit,
Benoît XIV s'est inspiré, pour composer cette
prière, des passages de la Sainte Ecriture où la
sollicitude du pasteur se trouve le plus suave-
ment et le plus fortement exprimée ; impossible
de dépeindre plus au vif et le symbolisme du
pallium et les devoirs qu'il prêche à ceux qui
ont l'honnenr de le porter.

(1). Bulle « *Rerum ecclesiasticarum origines* » du 26 août 1748,
dans les Œuvres de Benoît XIV, tome XVI, p. 419-420.

# CONCLUSION

Un dernier mot résumera notre travail. Si obscures qu'aient été les origines du pallium dans l'Eglise catholique, si modeste que puisse paraître la forme actuelle de cet ornement, les souverains pontifes ont voulu en faire et en ont fait un élément indispensable de la dignité archiépiscopale. Aucun prélat désigné pour occuper un siège métropolitain ne peut, avant de l'avoir reçu, exercer les droits, jouir des prérogatives de sa charge, il ne peut même pas prendre le nom d'archevêque. Et pour le recevoir, c'est au pontife de Rome qu'il doit s'adresser. On peut donc dire, avec Dom Morin, que Dieu s'est servi de cet insigne, en apparence bien secondaire, pour resserrer les liens de la hiérarchie dans nos Eglises d'Occident ; l'histoire de ce petit pallium montre, du même coup, l'ascendant divinement établi du siège apostolique s'accusant de plus en plus nettement, pour garantir l'Occident chrétien de la caducité précoce des Eglises moins étroitement unies au centre de la catholicité (1). — En toute réalité, il est, comme le souhaitait Benoît XIV, *symbolum unitatis et cum apostolica sede communionis perfectæ tessera.*

(1) Messager des fidèles (*Revue Bénédictine*), tome VI, 1889 : *Le pallium*, p. 263.

# TABLE DES MATIÈRES




716-08. — Imprimerie des Orphelins-Apprentis. F. BLEMT
40, rue La Fontaine, Paris-Auteuil.